让孩子看懂世界的哲学书

哲学
帮你做选择

《让孩子看懂世界》编写组　编著

石油工业出版社

前言
PREFACE

哲学是什么？哲学到底探讨了什么？什么样的人可称为哲学家？哲学对人类到底有什么用？

这些问题或许困扰了很多人。

从本质来说，哲学和其他很多学科一样，是我们探索世界、思考世界、分析世界的一种方式。就像读懂了艺术，我们才能够欣赏巴洛克、洛可可的美之精髓；就像读懂了音乐，我们才能够明白贝多芬、巴赫的旋律之精妙；就像读懂了天文学，我们才能够通过观察天象，去想象一个更为广阔的宇宙……

哲学，会让我们对世间万物多一些更加美好和深刻的探究。

目 录
CONTENTS

第一章

你好，命运

命运偏袒强者 / 02

做自己的主人 / 04

时时省察你的人生 / 08

爱、知识与苦难 / 10

人，都是要死的 / 14

"超人" / 16

每个日落都是最后一个日落 / 20

寻找自己的使命 / 22

第二章
善恶之间

"善与恶"和"好与坏" / 26

福柯之死 / 30

取香蕉的猴子 / 32

电车难题 / 36

人是欲望和需求的化身 / 38

重估人的价值 / 40

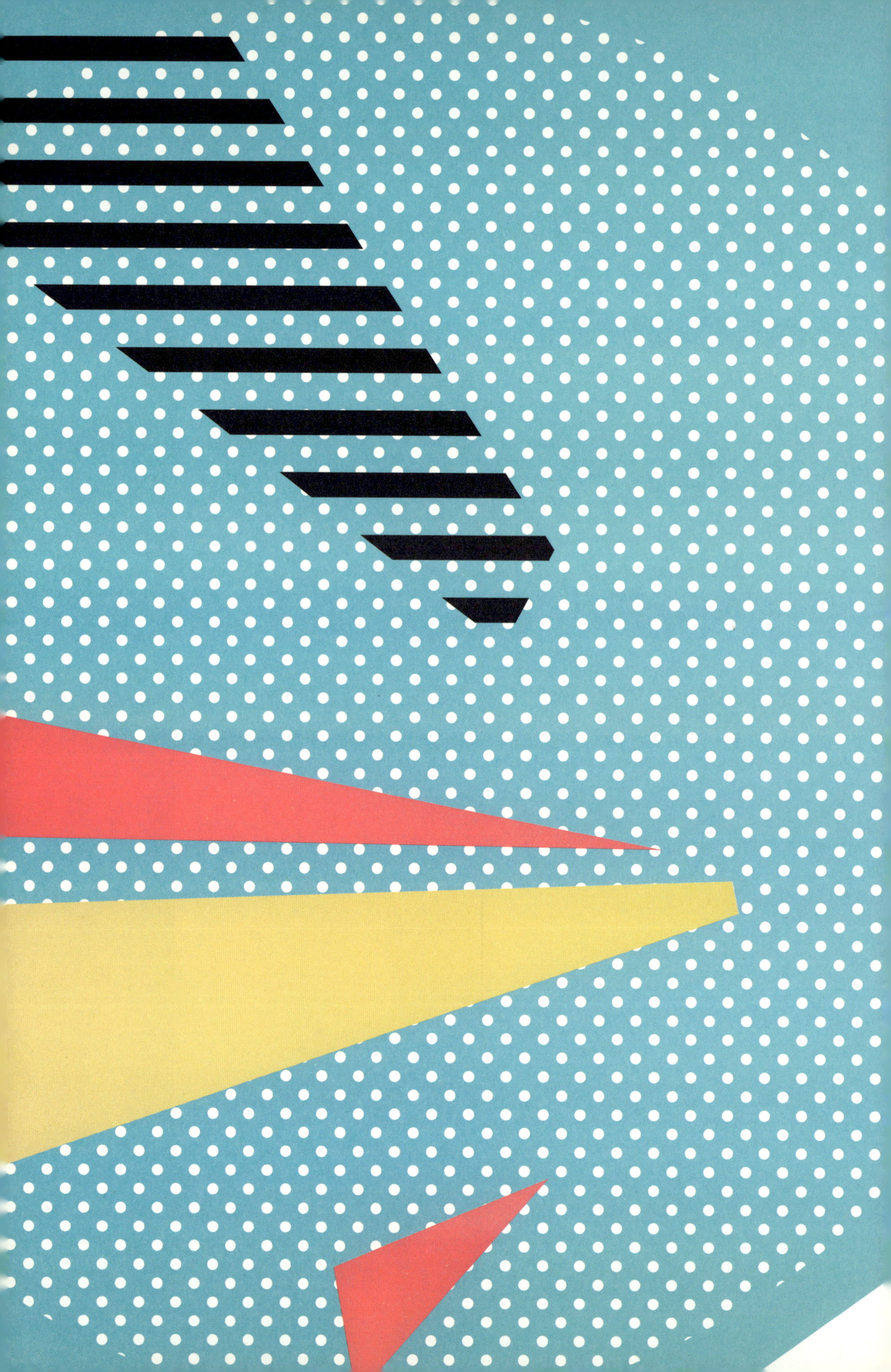

第一章

你好，命运

命运偏袒强者

> 自由的人绝少想到死亡；他的智慧，不是死的默念，而是生的沉思。
>
> ——【荷兰】斯宾诺莎

尼可罗·马基雅维利，意大利政治哲学家和历史学家，《君王论》（又作《君主论》）的作者。在《君王论》一书中，马基雅维利多次讨论人与命运的关系。

在马基雅维利眼里，命运是偏袒强者的力量。他不再像宗教神学所倡导的那样大肆宣扬神的力量，而是强调人的力量，他的命运观提倡相信自己。

这与3400年前的古希腊神话传说中的特洛伊城命运如此吻合。

《荷马史诗》中的《伊利亚特》部分，讲了希腊人依靠自己的聪明才智，故意在城前留下一具巨大的木马，让特洛伊人误将木马当作战利品搬进了特洛伊城。正当特洛伊人兴高采烈地庆祝时，藏在木马里的希腊士兵杀了出来，与城外的士兵里应外合，将特洛伊城攻陷。就这样，持续10年之久的战争结束了。希腊士兵的沉着冷静与

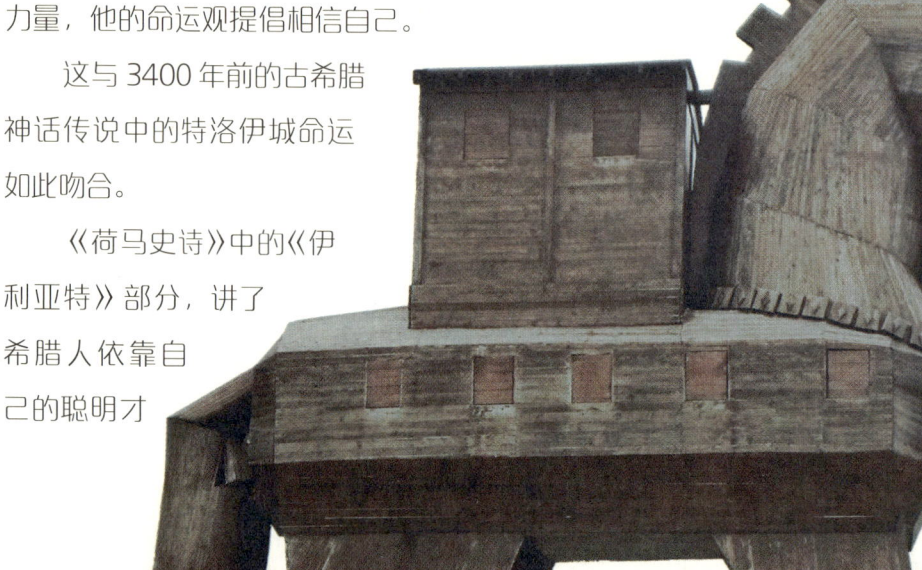

特洛伊人的盲目乐观形成强烈反差，特洛伊城的命运葬送在特洛伊人自己手里。马基雅维利的命运观主张，为实现一个目的，要坚持自己的信念，要与命运抗争，才能获得成功。

马基雅维利的《君王论》强调：每当人类坚定意志的时候，命运也向坚定者靠拢。他的思想为人们超越道德的束缚，并为自身谋求尘世功名提供了理论支持，也使"自由"成为文艺复兴时期追求人性解放的流行思想之一。

马基雅维利认为命运就像那些毁灭性的河流，当它怒吼的时候，一切都将被摧毁，人类毫无抵抗能力。他说："当我们没有准备好抵抗命运的时候，命运就显出它的威力。它知道哪里还没有修筑水渠或堤坝来控制它，它就在哪里作威作福。"意大利有如既没有水渠也没有堤坝的平原，"如果意大利像德国、西班牙和法国那样，之前有力量对其加以保护，这种洪水就不会产生，像今日那样巨大的变动或许压根儿不会出现"。

我们每个人都能设计自己的命运，强者能够做命运的隐忍者，用坚实的脚步在命运之路前行；弱者用空想和语言描绘未来，总认为冥冥之中命运会安排好一切，所做的任何努力都可能是枉然。但我们能从那些成功者身上领悟到，命运其实还是偏袒那些生活中的强者，因为他们用顽强的力量操控了自己的命运。

做自己的主人

> 人们感到痛苦的不是他们用笑声代替了思考,而是他们不知道自己为什么笑以及为什么不再思考。
>
> ——【英】赫胥黎

在希腊神话中,人类是提坦神普罗米修斯创造的。普罗米修斯也充当了人类的教师,凡是对人有用的,能够使人类满意和幸福的,他都教给人类,因此受到人类的敬佩和爱戴。但最高的天神领袖宙斯却要求人类敬奉自己,让人类必须拿出最好的东西献给自己。普罗米修斯作为人类的辩护者触怒了宙斯。宙斯出于对普罗米修斯的嫉妒与憎恶,禁止人类用火,以示对他的惩罚。后来,普罗米修斯就帮人类从奥林匹斯偷取了火种,这再次触怒了宙斯。宙斯将他锁在高加索山的悬崖上,派一只鹰每天去吃他的肝脏,白天肝脏被吃完,晚上又会重新长出来。

普罗米修斯就这样承受着没有尽头的痛苦,直至大力士赫拉克勒斯用箭射死神鹰,用石头砸碎铁链,才将他解救出来。

普罗米修斯拥有超人的智慧，甚至能够瞒过宙斯把火种盗取出来，但是他却无法摆脱被鹰啄食肝脏的痛苦命运。这正是希腊神话中关于命运的悲剧。

每个人的背后都有一双无形的命运之手，当你陷入困境，向命运求救时，命运将如何回答你呢？

当代哲学家加缪在《西西弗神话》中阐述了人生的荒诞和命运的无常。在这部哲学随笔中，加缪用诗意的语言提出了一个主题——人生的荒诞。

加缪认为，人一旦对自己习以为常的平凡的生活生出疑惑，即开始问"为什么如此"的时候，人就意识到了荒诞。而这种荒诞既指向了无意义的、混乱的世界，又表达了人自身对理性和幸福的呼唤。这种理念在他的同名散文《西西弗神话》中也有所体现：

西西弗由于泄露了诸神的秘密，被打入冥界。谁知西西弗却用计抓住了死神，导致人间很长时间都没有人死去，冥界因而变得荒凉。之后，冥神设法将死神救了出来，西西弗难逃一死。

西西弗在临死前告诉妻子不要埋葬自己，而是把自己的尸体放到广场中央。但他来到冥界后，却说妻子不葬自己的行为违背人类之爱，他请求冥神让自己重回人间，惩罚妻子。冥神答应了。然而，当他再次感受到人间之美后，他又不愿意重回冥界了。冥神几次三番地警告他都没有用。西西弗又在人间生活了多年。最后，诸神只能派墨丘利抓捕西

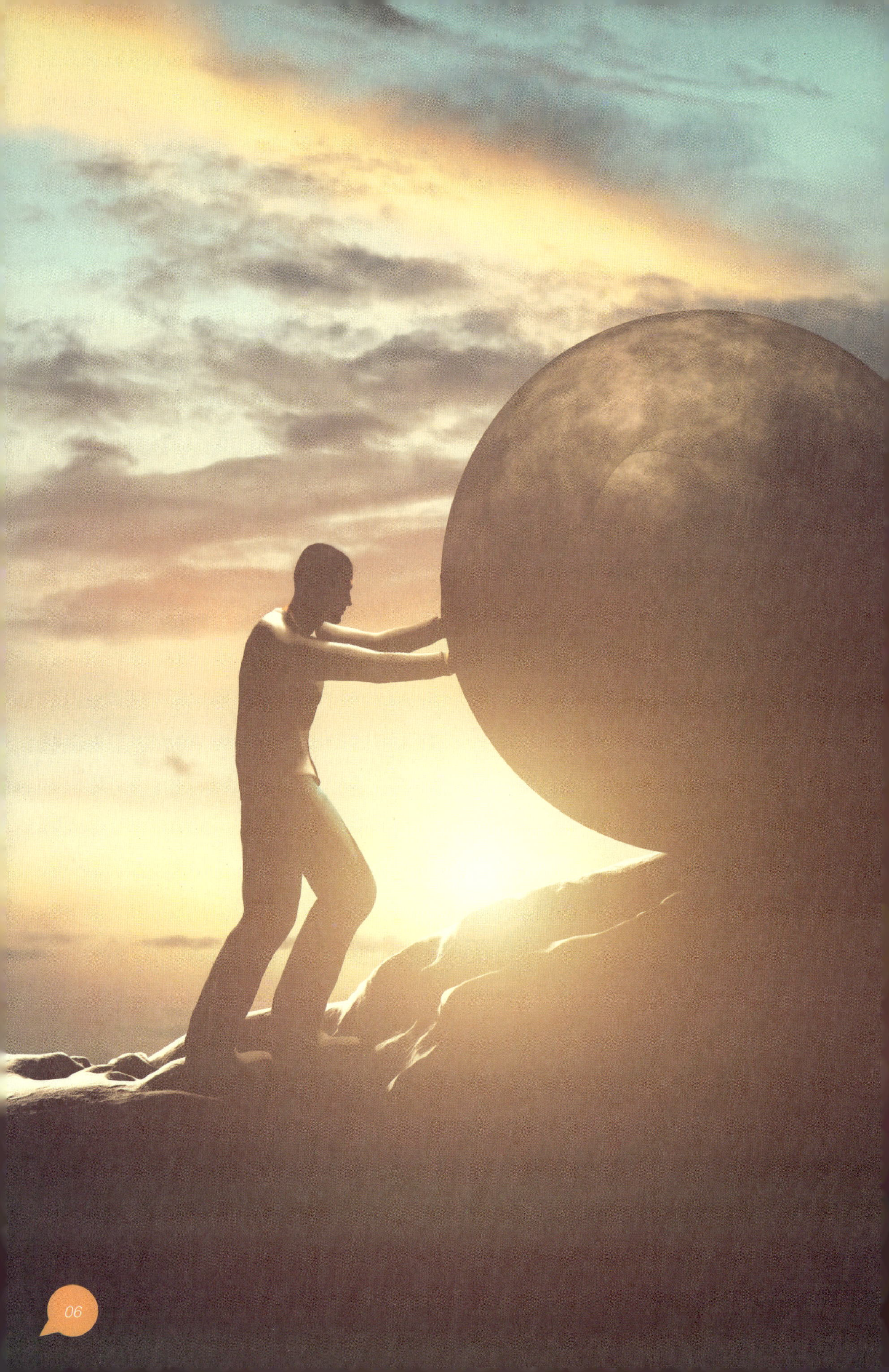

西弗，再次将他投入冥界。

由于触犯众神，西西弗斯受到了最严厉的惩罚。

诸神判处他永世在冥界服苦役，让他把一块巨石推上山顶，但石头还未到达山顶就会滚落下来，西西弗就得再一次把它推上山顶……

西西弗要日复一日、年复一年地忍受这种痛苦和沮丧，重复这种无意义的劳动。

而诸神则认为再也没有比进行这种无效无望的劳动更为严厉的惩罚了。

看到这里，我们能够感受到西西弗的痛苦、无奈，以及命运的无常和荒诞。但是，加缪却说：

"我看到这个人以沉重而均匀的脚步走向那无尽的苦难。这个时刻就像呼吸那样，而这个时刻就是觉醒的时刻。在每一个这样的时刻，他离开山顶，渐渐走入诸神的洞穴中去，他超越了自身的命运。他比他搬动的巨石还要坚硬。"

"西西弗无声的快乐就全在于此。他的命运是属于他的。他的巨石是他的事情。"

"我把西西弗留在山脚下！人们总是看到他身上的重负，而西西弗告诉我们，最高的忠诚体现在否认诸神并且搬动石头。他也认为一切都是美好的……他爬上山顶的斗争本身就足以使他心里感到充实。应该认为，西西弗是幸福的。"

如此看来，加缪要表现的荒诞，其实并非绝望，而是一种期待，即人在看穿幸福和痛苦的本质后，做自己的主人。

时时省察你的人生

> 笨人寻找远处的幸福，聪明人在脚下播种幸福。
>
> ——【美】詹姆斯·奥本汉

苏格拉底曾经说过："未经省察的人生是不值得过的。"很多人都认为自己对于人生非常了解，可是你是否曾经想过："我是谁？我为什么而活着？什么样的生活才有意义？"事实上，很多我们确信无疑的事情并非像自己想象得那样简单，很多我们非常有把握的问题其实自己并未揭开其神秘的面纱。

人类是伟大的，是超越动物本能的存在。同样也是渺小的，在浩瀚的星空和宇宙中，每个人都只不过是一粒尘埃。

有一天，苏格拉底的弟子聚在一块聊天，一位出身富有的学生当着所有同学的面，夸耀他家在雅典附近拥有一片广阔的田地。

当他在吹嘘的时候，苏格拉底不动声色地站在一旁，之后苏格拉底拿出一张地图说："麻烦你指给我看，亚细亚在哪里？"

"这一大片全是。"学生指着地图得意扬扬地说。

"很好！那么，希腊在哪里？"苏格拉底又问。

学生好不容易在地图上找出一小块来，但和亚细亚相比，实在是太渺小了。

"雅典在哪儿？"苏格拉底又问。

"雅典，这就更小了，好像是在这儿。"学生指着一个小点说道。

最后，苏格拉底看着他说："现在，请你指给我看，你那块广阔的田地在哪里呢？"

学生满头大汗，却仍然找不到，他的田地在地图上连一丝影子也没有。他很尴尬地回答道："对不起，老师，我错了！"

相对于地上的蝼蚁，我们是庞大的；相对于宇宙，我们是渺小的；相对于"超人"或者"神"，我们又是落后的。我们对生活的定义也总是随着参照物的变化而变化，和富豪相比，我们可能是穷人；和乞丐相比，我们可能又是富人；和时常快乐的人相比，我们可能没有那么快乐；和时常悲伤的人相比，我们可能又没有那么悲伤。任何人的人生都在不断对比中有不同表现，也在不断对比中发生转化。如果无法省察人生，我们的生活就会在对比中走向迷失。而如果我们选择了适合自己的路线，就可以一直向前走，而不去管周围的比照。

一个不考虑自己人生的人永远会被他人牵着鼻子走，不断在他人的诱导下改变自己的判断和自己的立场。而那些了解人生的意义与目标的人不会受到外界过多的影响，他们坚持走属于自己的路，拥有属于自己的人生。

爱、知识与苦难

> 三种简单却极其强烈的情感主宰着我的生活：对爱的渴望、对知识的追求、对人类痛苦的难以承受的怜悯之心。
>
> ——【英】罗素

作为 20 世纪英国著名的哲学家，罗素于 1872 年出生于英国一个贵族家庭。在他很小的时候父母便去世了，祖父祖母自愿承担了抚养他的责任。罗素的祖母持有自由主义政治观点，常教导罗素要反思自己的思想和行为。祖母是一个虔诚的清教徒，严格简朴的家教使罗素感到压抑。他的祖父有一个藏书极为丰富的图书馆，他经常藏身其中，广泛吸收文学、历史、地理等方面的知识。

罗素有勤于思考的习惯，这得益于其祖母的影响。他的童年是孤寂的，从五岁起他就因感到生活的无聊而常常独步于园中，有时还有厌世轻生的想法。

是什么支撑着罗素超越自己，走向一个有意义的人生呢？或许我们在他著名的《我为何而生》中，能找到答案：

三种简单却极其强烈的情感主宰着我的生活：对爱的渴望、对知识的追求、对人类痛苦的难以承受的怜悯之心。这三种情感，像一阵阵飓风一样，任意地将我吹得飘来荡去，越过痛苦的海洋，抵达绝望的彼岸。

我寻找爱，首先，因为它令人心醉神迷，这种沉醉是如此美妙，以至于我愿意用余生来换取那几个小时的快乐。我寻找爱，其次是因为它会减轻孤独，置身于那种可怕的孤独中，颤抖的灵魂在世界的边缘，看到冰冷的、死寂的无底深渊。我寻找爱，还因为在爱意水乳交融时，在一个神秘的缩影中，我见到了先贤和诗人们向往的天堂。这就是我所追求的，尽管对于凡人来说，这好像是一种奢望。但这是我最终所领悟到的。

我曾以同样的热情来追求知识。我希望能理解人类的心灵，希望能知道为什么星星会发光。我也曾努力理解毕达哥拉斯学派的理论，他们认为数字主宰着万物的此消彼长。我学到了一点知识，尽管不多。

爱和知识，用它们的力量将人带入天堂。可是，怜悯总是将我带回地面。人们因痛苦而发出的哭声在我心中久久回响，那些饥荒中的孩子们，被压迫者摧残的受害者们，被子女视为负担的无助的老人们，以及孤单、贫穷和无助，这些都在讽刺着人类本应该有的生活。

我渴望能够消除人世间的邪恶，可是力不从心，我自己也同样遭受着它们的折磨。

　　这就是我的生活。我觉得活一场是值得的。如果能再给我一次机会的话，我愿意开心地再活一次。

人，都是要死的

> 如果允许我们在这个世界上长生不老，试问谁愿意接受这件不吉祥的礼物？
> ——【法】卢梭

存在主义者萨特的终身伴侣波伏娃写过一本小说《人都是要死的》。

作为存在主义的经典，这本书虚构了一个不死的人物雷蒙·福斯卡，他获得了一份普通人梦寐以求的礼物——永生。

福斯卡出生于13世纪意大利的卡尔莫那邦国，他雄心勃勃，幻想着建立一个富足、理性、和谐、大同的国度。他偶然得到了来自法老的不死药，并在重新开始的永恒生命里大展抱负。

波伏娃

西蒙娜·德·波伏娃，法国存在主义作家。她十分关注人的生命存在，对于人类的生存和死亡、存在状态的问题，曾进行过多次的探讨。她对个体的孤独以及人类群体的孤独也有自己独到的见解。

200年间，他的理想在他的努力之下得以实现：卡尔莫那不仅在城邦混战中变得更强大，而且还躲过了蔓延至整个欧洲的黑死病，消灭了宿敌热那亚，成了意大利最强盛的邦国。

但是整个历史没有按照他的理想发展，而是走向了理想的反面。

随着军队的壮大，战争也逐渐升级；人们虽然躲过了瘟疫，却躲不过战争；消灭了强敌，却迎来了更强的敌人；国家富强了，但是穷人依旧贫穷，富人照样过着奢侈的生活……

他的所有努力最终都成了徒劳。那些有生有死的人永远不会按照他的思路去完善世界，一代一代、一个世纪一个世纪地重复着相同的行为，都在用相同的方式力图证明自己的存在……

福斯卡最终明白："我活着，但是没有生命。我永远不会死，但是没有未来，这是一种天罚。""我什么都不要，我什么都不是。我一步步朝天涯走去，天涯一步步往后退；水珠往天空喷去，又溅落地上，时光摧残时光，我的双手永远是空的。"

他不敢入睡，因为害怕做噩梦。他梦见天空中的月亮照着一片白茫茫的大地，只有一个孤零零的人和一只老鼠在永恒里团团打转。

对一个人来说什么最重要？这个问题有一个前提：人，都是要死的。如果没有了死亡，理想、爱情、幸福以及痛苦、悲哀都将不再重要。如果没有必然的消逝，一切存在都将被磨蚀，成为日渐扩大的空洞，这个空洞最终会吞没所有的存在，成为万劫不复的虚无。

"超人"

> 我教你们何谓超人：人是应被超越的某种东西。
> ——【德】尼采

1865年，弗里德里希·威廉·尼采追随自己的导师李谢尔斯来到了莱比锡。在这里，他偶然之间在一家旧书摊上发现了亚瑟·叔本华的《作为意志和表象的世界》。从此，尼采花大量时间反复阅读这本书，他感叹，为何像叔本华这样的天才会被世界抛弃，如此伟大的著作只能在旧书摊上找到。

叔本华成了尼采的神，尼采的上帝，尼采也被世人认为是叔本华的唯意志论的继承者。可是，这个敢于发出"上帝已死"呼声的年轻人却并没有停下脚步。

他在叔本华思想的基础上发现了更加强大的意志——权力意志，认为生命的意义就在于不断变得强大起来。

亚瑟·叔本华是德国哲学史上一位转折性的人物。

他认为我们生活中看到的一切甚至连生命本身都只是表象，而主宰这一切的是生存意志。正是由于生存意志的驱使，人们才能够不断向前发展。然而，叔本华并没有顺理成章地得出"意志主宰一切"的观点，反而悲天悯人地得出了"人生本质是痛苦"的结论。因为叔本华认为人在一生中一直受到意志的驱使，一刻不停地向前行进，永远都无法得到满足。

对此，同为德国著名哲学家的弗里德里希·威廉·尼采则有不同的看法。他承认叔本华的"世界的本质是意志"的观点，认同"意志主宰一切"，但他进一步提出，人生的目的是不断让自己变得更加强大。尼采的这种观点被称为权力意志。

如果说叔本华是一位悲天悯人的诗人，那么，尼采就是一位不折不扣的战士。我们可以想象，当尼采站在自己的哲学园地中审察自己的想法时，他会富有激

情地喊出:"是的,意志主宰一切。那么,我们就去看看最强的意志那里有什么,那里是不是会有一个新的上帝?"

从另一个角度来说,叔本华解释了生命"是什么"的问题,而尼采则告诉我们在知道了"是什么"之后我们应该怎么做。不仅如此,尼采还为我们设定了终点。他告诉我们不要遵从偶像(各种超越性的存在,比如希腊神话中的诸位神祇)的教诲,而是要让自己成为"超人"。

在《偶像的黄昏》中,尼采一开始就写道:这篇小文章是"战争的伟大宣言",更是为试探偶像而作;这一次,偶像不只是某个时代的偶像,而是"永恒的偶像",锤子或音叉都行:没有比这更古老、更令人确信、更神气的偶像——也没有比这更空洞虚伪的偶像。

尼采试图告诉世人,我们建构至高无上的真理的基础——我们的偶像——只不过是历史的产物。他认为这个历史,只是一段自欺欺人的可悲故事。他主张,人类不应透过理性来理解生命与本质,而应诉诸意志之力。原因并不在于我们可因此更加了解世界(虽然事实上的确如此),而在于如此行动乃是忠于自我本性与"权力意志"之道。尼采形容"权力意志"是"表现权力的强烈欲望、权力的行使与运作、一种创造性驱动力",他认为现代人普遍缺乏这种能力。此外,

尼采还相信，权力意志堕落如此之甚，必须将我们的道德体系完全摧毁，才能唤醒权力意志的往日荣光——世界到那时便是"超人"。

尼采"杀死了所有偶像"而选择接受进化论的观点。他认为人类是由动物进化而成的，但人类并没有进化完全，人类还应该继续进化，进化成"超人"。"超人"就是权力意志的终点，也是我们不断追求强大的终点。

总体来说，尼采认为生命只是表象，只有意志才是最真实的。意志主宰着生命的一切。而生命存在的目的就是变得更加强大，这种变得更加强大的意志叫作权力意志，权力意志驱使人们不断前进，最终进化成为最强大的人——"超人"。

超人

尼采所说的"超人"，是指具有全新价值观、世界观、人生观的人，是可以战胜自己、战胜弱者的人，是能够代表道德标准和社会规范的人，是能全面展示自己的人。

每个日落都是最后一个日落

> 由于人心的不明确性，每逢它落到无知里，人就把他自己变成衡量一切事物的尺度。
>
> ——【美】维柯

多年以前，包括雪莱·卡根在内的几位耶鲁大学哲学系的教授参加了一名学生的毕业典礼。这名学生在进入耶鲁大学读书以后不幸发现自己患上了绝症，生命可能就只剩下几年的时间。他本可以选择周游世界，尽情享受这个世界的美好。最终他选择了修完自己的学位，他认为这才是对他来说最有意义的事情。

而等到他修完了全部学分以后，只能躺在床上领取自己的毕业证书。雪莱·卡根教授在之后的哲学课上都会讲起这个故事，但并不是想借此告诉学生生命的无常与脆弱，而是想告诉每位同学，生命随时都有可能陨落，我们需要做的是走好生命中的每一天，让每一天都散发出特别的光彩。

也许人总是到了生命的最后才看清自己的懊悔与烦恼，但事实上，死亡总是如影随形地陪在我们身旁，每一个人都不知道自己的生命将在什么时候陨落。有可能是几十年以后，也有可能是几年以后，也有可能是在明天。每天的日落都有可能是生命中最后一次日落，也许明天清晨属于你的太阳就不会再次升起。死亡并不会像敌对的首领那样告诉你，你的生命将在什么时候结束。也许面临死亡时，你已经没有了重来一次、哪怕是一天的机会。所以，只有把每天的日落当作生命中最后一个日落才会让我们坦然地接受死亡。

苹果公司的灵魂人物史蒂夫·乔布

斯不仅是一个企业家,也是一个虔诚的佛教徒。早年游历印度的经历可能对他正视自己的生命有所帮助。他是这样看待生命的:

"当我十七岁的时候,我读到了一句话:'如果你把每一天都当作生命中最后一天去生活的话,那么有一天你会发现你是正确的。'这句话给我留下了印象。从那时开始,此后的33年,我每天早晨都会对着镜子问自己:'如果今天是你生命中的最后一天,你会不会完成你今天想做的事情呢?'当答案连续多天是'No'的时候,我知道自己需要改变一些事情了。"

"'记住你即将死去'是我一生中遇到的最重要的箴言。它帮我指明了生命中重要的选择。因为几乎所有的事情,包括所有的荣誉、所有的骄傲、所有面对难堪和失败的恐惧,这些在死亡面前都会消失。我看到的是留下的真正重要的东西。你有时候会思考你将会失去某些东西,'记住你即将死去'是我知道的避免这些想法的最好办法。你已经赤身裸体了,你没有理由不去跟随自己内心的声音。"

对于乔布斯来说,"记住你即将死去"这条箴言帮助他做出了很多正确的选择,让他拥有了绚烂的一生。把每天的日落当作生命中最后一个日落能够帮我们做出那些真正重要的选择,去完成对自己真正重要的工作,去陪伴对自己真正重要的人。

寻找自己的使命

> 生命是一团欲望，欲望不能满足便痛苦，满足便无聊，人生就在痛苦和无聊之间摇摆。幸福不过是欲望的暂时停止。
>
> ——【德】叔本华

　　历来都有人为自己为什么存在感到困惑，睿智的哲学家们提供了很多种答案。当历史的车轮驶进 20 世纪以后，存在主义哲学的兴起给我们看待这个问题提供了一个新的角度。

　　存在主义的代表人物萨特认为：这个问题是近乎荒谬的。存在先于本质，也就是说只有先有了存在以后，才会形成本质。萨特并没有直接回答问题，而是指出这个问题本身就是不合理的。他认为我们不应该去关注人为什么存在，而更应该关注人如何塑造自己的本质。

　　生命在一分一秒地走向死亡，我们要如何做才能够让自己直面、接受并且超越随时可能到来的死亡？这个问题在一些偏向于实用主义的哲学家眼中远比思考人为什么存在更加重要。早在古希腊时期，苏格拉底的学生柏拉图就曾经想过这个问题。

柏拉图认为每个人的内心都有一个"精灵"，即上天赋予的一种使命，因此人知道自己该往哪个方向发展，可能达成什么样的目的。这个天命就是我们通常所说的梦想，而柏拉图认为有意义的一生就是寻找到它并且实现自己的使命。

巴西作家保罗·艾卡略在他的作品中向人们讲述了如何实现自己的梦想。在《牧羊少年的奇幻之旅》中，年轻的牧羊人圣地亚哥，曾经做过两次同样的梦，在梦中他找到了一处宝藏。一个自称为撒冷之王的老人告诉他这就是他的天命，并鼓励他去实现自己的天命。在旅程中，圣地亚哥被人欺骗过，也曾经迷茫过，他经历了战乱，还遇到了自己挚爱的人。可是，他坚持前行，最终实现了自己的天命。

艾卡略通过这个故事告诉我们：即使眼前有着平静的生活、美好的未来，但是当内心的梦想之火在燃烧时，你就拥有一种实现梦想的紧迫感。无论遭遇多少困难，遇到多少险阻，你终将实现自己的使命。在柏拉图和艾卡略眼中，完成上天赐予我们的使命会使我们获得幸福和快乐，拥有使命却不去完成会让自己的内心时刻处于痛苦和挣扎当中。

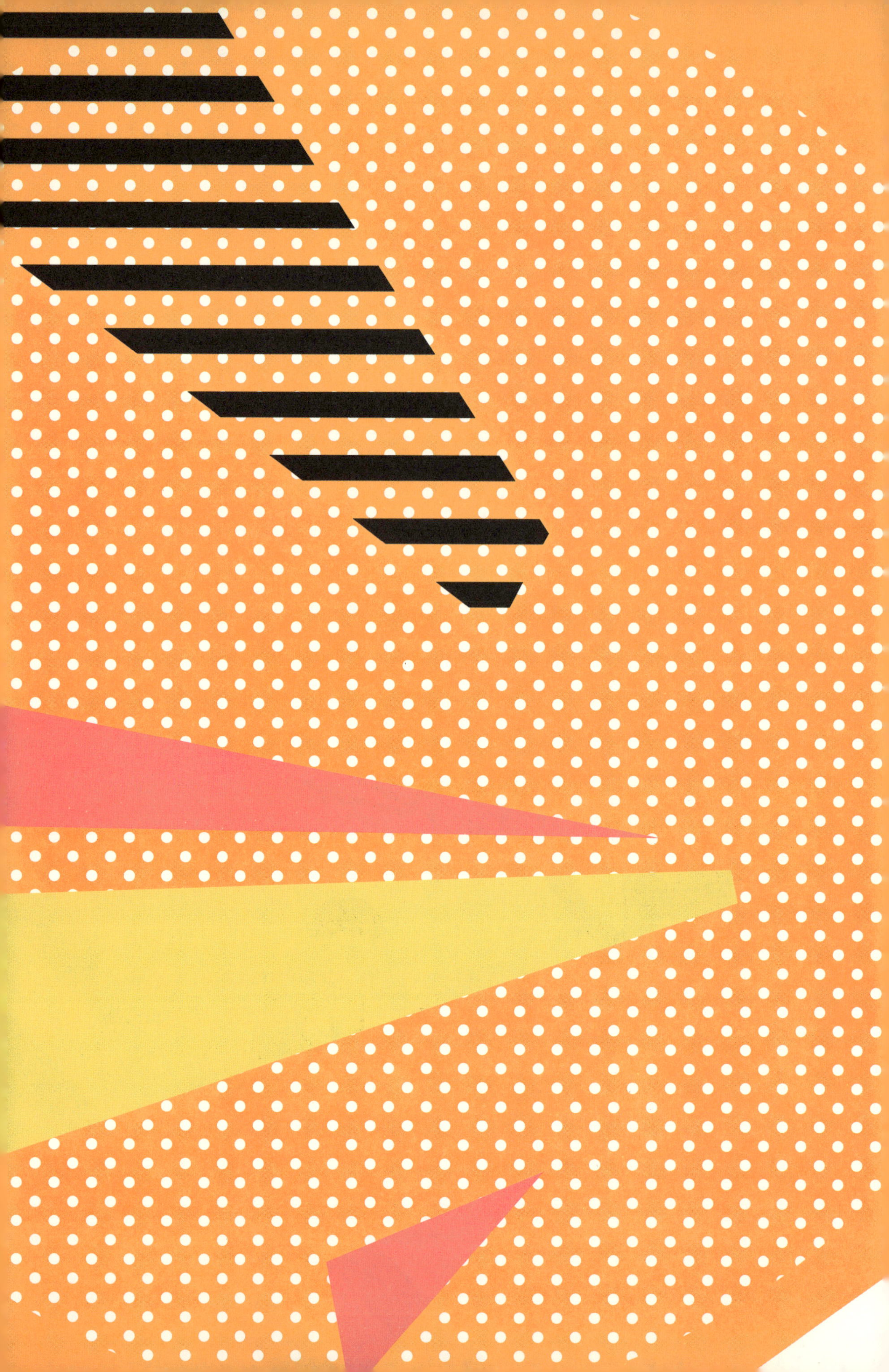

第二章
善恶之间

"善与恶"和"好与坏"

> 灵魂最美的音乐是善良。
> ——【法】罗曼·罗兰

千百年来,"善与恶"和"好与坏"一直是紧密联系在一起的。在大多数人眼中,"善"就是"好","恶"就是"坏"。不过,尼采却不这样认为。他仔细研读了几千年来一直传承的道德谱系,发现与所谓的"善"紧密联系起来的并不是"好",而是"好"的结果。

尼采认为,这种理论(指道德理论)是在错误的地方寻找和确定"好"的概念的起源。"好"的判断不是来源于那些得益于"善"的人,而是源自那些施与"善"的人。这说明"善"只能作为一个结果来出现,也就是说一个"善"人如果什么也不做,并不能称之为"好",只有在做了"善"的事情之后才能被称为"好"。而事情的结果并不总是人们所能控制的,有些"善"人可能做出"恶"的事情,之后被评为"坏"。

英国学者杜普雷的一个故事证明了这种观点。

贝尔和朋友海格在酒吧里喝酒。酒吧打烊的时候,他们喝得有点多了,神智有些不清楚。他们像往常一样开车回

家。贝尔还像以前一样，顺利地开车回家，回到家倒在床上就睡了。早上醒来，除了头痛，其他一切正常。海格也是轻车熟路地开车回家，可是一个年轻人突然冲到马路中间，海格来不及刹车，年轻人当即被撞身亡。海格因此入狱。第二天早上醒来，他也感到头痛。但与贝尔不同的是，他身处监狱之中。

同样的事情，但产生了完全不同的后果。酒后驾驶，从法律上来说，贝尔与海格两人都应该受到惩罚，但是贝尔无事，海格却因为车祸而受到惩罚。在这个例子中，法律的观点或许正反映了我们的道德感。

我们或许觉得一个因不负责任的行为导致他人死亡的人比喝多（或多喝一点点）后开车的人更应受到谴责。可在这个例子中，两个司机境遇的唯一不同之处是，其中一个撞到了冲上马路的年轻人。这是我们任何人都无法预料的，而一个人被称为"善"或者被称为"恶"

在很大程度上并不取决于他的行为本身或者行为动机是"善"还是"恶"。

尼采的理论奠基于人们的道德观念。对于大众来说，判定一件事情是否道德并不在于行为本身或者行为动机，而在于行为结果。

你做一件事情，如果对方因此而受到伤害，那么，你就是"恶"的、"坏"的、"不道德"的；如果对方因此而获得利益，那么，你就是"善"的、"好"的、"道德"的。

这种只重结果的道德评价会扭曲人们的人性，让一些出于善意而做出的行为消失。比如说，当我们看到地上有一位老人需要搀扶，但也会想到很多搀扶导致的麻烦。那么，我们应不应该去搀扶这位老人呢？从结果来看，我们去搀扶老人可能对别人是"好"的，对自己是"坏"的。很多人自然不会去施以援手。但是，如果我们从动机的角度去看待这个问题，无论这样会导致什么样的后果，它都是"善"的、都是"好"的，没有任何异议与争论。

当我们仅从结果去看待一件事情的时候，我们不得不将大量的时间投入算计当中，算计这件事会出现什么样的情况，导致什么样的结果，如果最后的结果对我们不利，我们就会放弃。然而，这不应该成为我们的道德评判标准。在外界的评价体系中，只有做了"善"事才是"好"的，因为不会有人了解你的内心。而在我们的内心中，一个行为的动机和出发点更应该成为我们的评价标准，否则我们很难去完成一件道德的事情，其中大部分都因为想到过程和结果而被否定了。

从结果去考虑道德是一件脱离道德本意的事情，但是，社会的构成又迫切需要促进"好"的结果出现，避免"坏"的结果出现，而社会的要求却与我们自己的要求不同。我们所讲到的人性就是在复杂的社会中保留自己的选择，保留作为一个人该有的选择，在道德框架下，从"善"的动机出发。

人都献出一点爱

福柯之死

> 道德的律令只问用心，不问结果。
>
> ——【德】康德

你是否想过变成另外一个人？你是否曾看着你所认识的某个人想："他想干什么就干什么，怎么我就不行？"于是，你想要变成另外一个人，因为变成另一个人是一件很刺激的事情。

这些想法对有的人来说是很危险的，尤其对像杰基尔博士这样的人。作为一个聪明绝顶的科学家，他找到了一种把幻想变成现实的方法。

杰基尔医生是一个家财万贯、道貌岸然的大善人，因抵挡不了潜藏在天性中的邪恶与狂野，发明了一种药水。这种药水可以将人平时被压抑在虚伪表象下的心性毫无保留地展露出来，同时，随着心性的转变，人的身材样貌也会随之改变。因此，原本一个社会公众眼中行善不遗余力的温文儒雅之士，一旦喝下药水，就摇身一变，成为邪恶、毫无人性且人人憎恶的卑鄙男子——海德；前一个是善的代表，后一个则是恶的化身。

杰基尔医生没有勇气对抗自己的阴暗面，渐渐对药水产生了依赖。杰基尔医生的海德人格完全失控后，开始欺凌

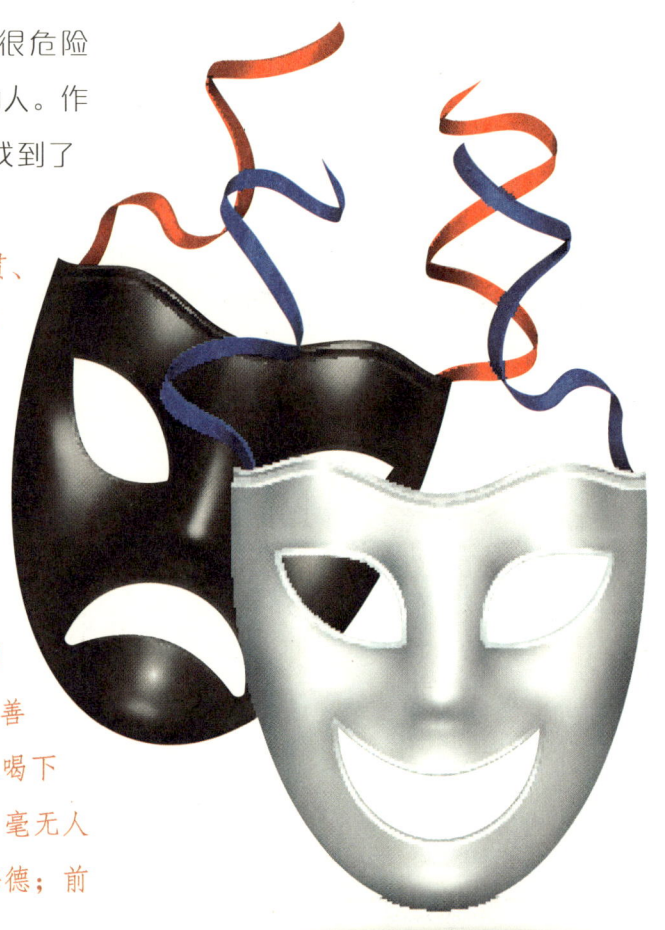

虚弱无力的老人和无辜的小孩。杰基尔害怕失去他在众人面前的威望，他为自己的另一个人格感到无地自容。这个一度和蔼可亲、才华横溢的善人沦为了自己被压抑的人格的牺牲品。最终，杰基尔医生用死亡结束了他在分裂人格中的痛苦挣扎。

杰基尔医生是罗伯特·路易斯·史蒂文森的小说《化身博士》中的主人公，杰基尔的案例不仅向人们展现了一场善与恶、好与坏之间的斗争，还体现了人性被压抑后的复仇心理。

大多数人都有两面性。人的意识不是唯一的或一成不变的，而是动态的、多重的、矛盾的、易变的和脆弱的。当我们保持清醒，关注周围及内心的变化时，我们可以意识到自己善的一面，并尽可能地使其支配自己的生活。同时，我们的内心也是冲突、野心、犹豫或彷徨等错综复杂心理的载体，这往往有悖于我们美好的愿望，有时歪曲了善意，有时会在我们措手不及时突然爆发。这就是人性的全貌。

福柯是20世纪极富挑战性和反叛性的法国后现代主义哲学家。1984年6月25日中午，一个惊人的消息如闪电般传遍巴黎知识界，电台和电视台纷纷发布一则消息："福柯去世。"福柯终年58岁。在他的病历上，死亡原因一栏里写着：艾滋病。

福柯的死使法国上下震惊不已。教育部长称："福柯之死夺走了当代最伟大的哲学家……凡是想理解20世纪后期现代性的人，都需要了解福柯。"

福柯在西方被视为思想知识界的斯芬克斯，是一个谜样的人物。福柯在哲学上的成就是不容置疑的，但是他的生活是离经叛道的。福柯的死也正体现了人的两面性。

每一个人的内心都有这样两种相对的力量，即善和恶。善是理性的、正义的，代表着美好、光明；恶是感性的、羞耻的，代表着丑恶、阴暗。人性中光明与阴暗的斗争，最终让我们面临进退两难的境地。这两股截然相反的力量在我们身上相互交织和渗透，无论我们用什么方法，也无法剔除其中任何一个。但是，如果我们能够了解这两种力量，并允许它们按照一定的规则运作，就可以让这两股力量停止争斗，避免两败俱伤。

31

取香蕉的猴子

> 人之性也，善恶混。修其善则为善人，修其恶则为恶人。
>
> ——杨雄

带"剑"的契约对于保证合作关系是有效的，但是在很多情况下，我们根本找不到，或者说不值得用"剑"，也就是法律，来保证合作。

那么有没有其他办法来确保均衡呢？法律是保证人与人之间关系的唯一武器吗？

囚徒困境

两个共犯被抓进了监狱，分别关在两个不能互通讯息的地方。在接受审讯的时候，两人面临着三种选择：第一种是两个罪犯彼此都不揭发对方，守口如瓶，这样的话，两人就会因为证据不足而被无罪释放；第二种是其中一人揭发了另一人，而另一人则守口如瓶，那么，揭发者就会获得保释，而被揭发者则会因犯罪而入狱十年；第三种是两人都揭发了彼此，这样的话，两个人都会因为犯罪而入狱八年。

曾经有一个实验，有一群猴子被关在笼子里，笼子上方垂着一条绳子，绳子末端拴着一个香蕉，上端连着一个机关，机关可以开启水源。猴子们发现香蕉后，纷纷跳上去够这个香蕉，当猴子够到香蕉时，绳子带动机关，一盆水倒了下来，尽管够到香蕉的猴子吃到了香蕉，但大多数猴子被淋湿了。

这个过程重复多次后，猴子们发现，吃到香蕉的猴子是少数，而大多数猴子都会被淋湿。于是，每当有猴子试图去取香蕉，其他猴子就会去撕咬那个猴子。久而久之，猴子们产生了默契，再也没有猴子敢去取香蕉了。

在这个实验中，猴子间产生了"道德"。猴子们认为取香蕉的后果对其他猴子不利，因而取香蕉是"不道德的"，它们会一起惩罚"不道德的"猴子。

与法律一样，道德审判也是对某些"不合法"行为的惩罚机制。这种机制的出现使人类得以从囚徒困境中走出来。

道德感使人们对不道德的或不正义的行为进行自发谴责，或者对不道德的人采取不与其合作的措施，从而使不道德的人遭受损失。这样，社会上不道德的行为就会受到抑制。因此，只要社会形成了道德或不道德、正义或非正义

的观念，就自动对人的行为产生了调节作用。

但是在日常生活与交际中，单纯依靠对手的道德自律来达成合作是不保险的；霍布斯在《利维坦》中对人类在自然状态中的人性的描述令人不寒而栗，成为西方性恶论中较为有力的表达。

"显而易见的是，当人们生活在一个没有公共权力慑服他们的时期，他们就处在所谓的战争状态中。这种战争是一个人对其他所有人的战争。因为战争不仅存在于战役或战斗行动当中，也存在于人们普遍有通过战争进行争夺的意图的一段时期之中。因此，考虑战争的性质就必须要考虑时间的概念，就像考虑到天气的性质一样。因为正如恶劣的天气不在于一两次暴雨，而在于一连许多天都有下雨的倾向：战争的性质不在于实际的战斗，而在于整个没有任何保障的战争时期的那种人所共知的战争意图……这种人人相互为敌的战争状态还会产生一种结果，那就是没有任何事情会是不公正的。正当和不正当、正义和非正义的概念在这里根本就不存在。没有公共权力的地方就没有法律，没有法律的地方，就没有非正义。暴力和欺骗是战争中的两种主要美德。"

根据霍布斯的性恶论，人并不是像中国的孟子所说的"性本善"，人与人之间的关系是相互敌对的。正是受霍布斯的影响，人性本恶的观点一直影响着西方。直到今天，在西方的政治和社会设计中，人性本恶依然是一个潜在的前提和基础。

电车难题

> 最大多数人的最大幸福是衡量正确与错误的标准。
>
> ——【英】边沁

人活在世界上无时无刻不在进行着选择，但选择通常也是很痛苦的过程，选择标准的不确定很大程度上带来了选择上的困难。然而在功利主义者看来，选择其实并不困难，只要你会"计算"，就能做出正确的选择。

功利主义者边沁出生于伦敦一个律师家庭，在成为一名合格的律师之前他曾就读于牛津大学。父亲原本希望他成为英国大法官，但边沁从未真正做过律师工作。他觉得整个法律体系中充斥着"诡辩之徒"，于是选择钻研理论。一般律师眼中的法律工作非其所好，法律背后的精神才是他的终极关怀。

边沁致力于探究在法律背后支配人类行动的道德基础，他发现这种基础在于它的功用性。他将功用定义为"任何事物都包含的属性，有助于带来愉悦、利益或幸福，或者能够避免灾害、痛苦、罪恶或不幸的发生"。

他创造了一句后来的功利主义者以各种方式加以引用的口号："最大多数人的最大幸福是衡量正确与错误的标准。"

与功利主义相关的"电车难题"是伦理学领域最为知名的思想实验之一。

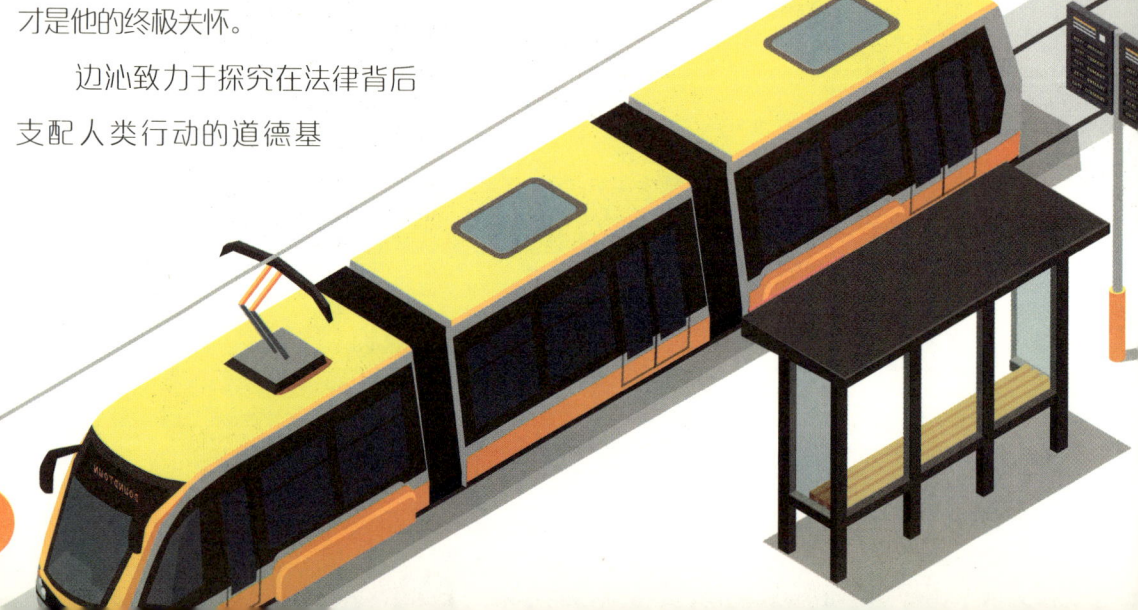

一个疯子把5个无辜的人绑在电车轨道上，一辆失控的电车朝他们驶来，并且片刻后就要碾压到他们。幸运的是，你可以拉下一个拉杆，让电车开到另一条轨道上。但是还有一个问题，那个疯子在那另一条轨道上也绑了一个人。考虑到以上状况，你应该拉下拉杆吗？

类似的问题还有：假如你是一个法官，你答应处决一个无辜村民，这样便能使另外9个村民获救。这种情况究竟该不该开枪处决那个无辜的村民？要是不愿意的话，如果把能够获救的人数不断往上加，你是否最终会放弃坚持，接受条件？

从一个功利主义者的观点来看，明智的选择应该是拉下拉杆，杀死1个人，可以拯救5个人。但是功利主义的批判者认为，一旦拉下了拉杆，你就成为一个不道德行为的同谋——你要为另一条轨道上单独的一个人的死负部分责任。然而，其他人认为，你身处这种状况下就要求你要有所作为，你的不作为将会是同等的不道德。总之，不存在完全道德的行为，这就是重点所在。许多哲学家都用电车难题作为例子来影射现实生活中的状况。

在边沁的道德体系中，一切以功用为唯一标准。判断正直与否，重点在于产生的诸多后果能否将某种品质最大化，而非是否履行义务或遵行上帝的旨意等。然而，功用本身可以从不同角度去定义。边沁以快乐主义原则来定义功用："幸福"等于"快乐"。他认为，任何人都会尽可能追求快乐而避免痛苦，因此，只要能让多数人感到快乐，或让他们做能给自己带来快乐的事，在道德上便是对的。

功利主义的原则是简单的，然而它太"简单"了，完全把个人和价值消解在数量之上。人是不可能严格按照功利主义原则去生活的。

人是欲望和需求的化身

> 自由不是为所欲为。
>
> ——【德】康德

于1952年获得四项奥斯卡大奖的《欲望号街车》讲述了一个充满欲望的世界，其导演同时也是耶鲁校友的伊利亚·卡赞让我们看到了人在欲望的驱使下不断犯错误，又在错误中不断感受痛苦的画面。欲望号街车永远行驶在幸福的园地里，却总是会带来痛苦的结局。

德国悲观主义哲学家叔本华对人生的痛苦有过深入的思考，他认为从欲望的存在可以推导出人生的本质就是痛苦。一个人的欲望越强烈，他的痛苦就会越深，因为欲望不断地啃噬他，使他的内心充满痛苦与矛盾。所以，很多时候我们想要禁欲，以为没有了欲望，也就远离了烦恼与痛苦。

然而，无论人类采用什么样的方法去禁欲都无法达到较为理想的效果。更可悲的是，想要禁止自己的欲望本

马斯洛的需求层次理论

马斯洛理论把需求分成五类，并进行了金字塔似的从低级到高级的层次排序，依次是生理需求、安全需求、情感和归属感、尊重、自我实现。

生理需求包括吃饭、喝水、睡眠、呼吸，等等。

安全需求包括人身安全、财产安全、健康，等等。

情感和归属感包括爱情、亲情、友情，等等。

尊重包括社会成就、自信心、他人的尊重，等等。

自我实现包括道德、公正、社会责任感，等等。

身也可算作是一种欲望。人类无法根除欲望是因为人类本身就是欲望和需求的化身。

在对欲望的阐述中,我们可以将叔本华、尼采、马斯洛三人的观点进行汇合。

叔本华所相信的生存意志和尼采所信仰的权力意志都会使人产生欲望,两者的区别在于叔本华强调人类总是会保持求生的欲望,尼采则强调人类总是会保持追求权力的欲望。

马斯洛的需求层次理论也指出当人们的低级需求得到满足时,就会产生更高级的需求,这种需求就会带来各种欲望。

三种观点汇合到一起的结论是:人类本身就代表着欲望,一种欲望被满足以后,另外一种欲望又会衍生。人类永远也无法消除自己的欲望。

罗素曾经在自己的《权力论》中写道:"广义地说,最渴望权力之人就是最可能获得权力之人。"这一点在知识、金钱等其他方面也同样适用。欲望总是很忠实地执行自己的任务,当人的内心感到疲惫、已不愿继续前行的时候,欲望依旧会不断催促人心,给人心带来比疲惫更加痛苦的煎熬,迫使人赶路。这样人自然更容易拥有渴望的东西。

重估人的价值

> 一个有良好、温和、优雅性格的人，就是在贫乏的环境中也能怡然自得。
>
> ——【德】叔本华

文艺复兴时期的哲学家、人文主义者托麦达在《驴的论辩》中设想人与驴争论谁更优越的问题。

人说人能建造房屋、宫殿，因此人比动物更高贵；驴则用蜂、蜘蛛和鸟的例子说明动物也有建筑本领。人说人以动物为食，因而更优越；驴却指出寄生虫以人体为养料，狮子和鹰也食人肉。但人最后找出的证据说服了驴，即神的肉身化的形象是人，而不是其他动物。在此意义上，人要高于动物。

这个故事受当时宗教氛围的影响，摆脱不了时代限制。文艺复兴时期最大的进步是重估了人的价值和定位，将人从"神"的束缚之下解脱出来。然而，随着知识的不断积累，人发现自己与"神"的距离越来越远，与动物的距离越来越近。无论在人身上加上多少诸如"理性""尚未定型"的标签，人从本质上来看是一种动物。

本是一个落魄的作家，他离不开酒，总是用酒精来刺激自己麻木的神经。他的妻子离开了他，之后他又得罪了最后一个朋友，随即工作也没有了。无依无靠的本变卖家产后，决定前往纸醉金迷的赌城——拉斯维加斯。他来这里的目的就是要在生命的最后阶段，用一瓶瓶酒伴随自己走向生命的终点。

在赌城，本遇到了风尘女莎拉。两个人悲惨的境遇让两颗心靠近，他们一

起度过了一个夜晚。之后，莎拉让本住进了自己租住的公寓，莎拉理解本买醉的念头，答应不干涉本，让他按照自己的方式生活，所以本依然继续天天买醉。

一天，莎拉回到公寓之后，发现本竟然出轨了，一怒之下，将本赶了出去。而莎拉自己也遭遇了厄运，被人打得鼻青脸肿。房东见到狼狈不堪的莎拉，将她赶了出来。这时，本打电话表示希望见她，莎拉对本的爱恋远远超过了恨意，见到本的时候，本已经奄奄一息。

这部名为《离开拉斯维加斯》的影片上映后，曾经引起了很大的社会反响，引发了人们对生活的思考。

故事里关于人物堕落的描绘其实是一种伊壁鸠鲁主义者的胜利。既然人是动物，为什么不能按照动物的本性去生活，而要依靠理性来约束自己，让自己变得不快乐呢？

事实上，人之所以为人，就在于人有欲望，却也知道克制欲望；就在于追求快乐，却也知道把握追求快乐的尺度。否则，人与野兽无异。

伊壁鸠鲁主义

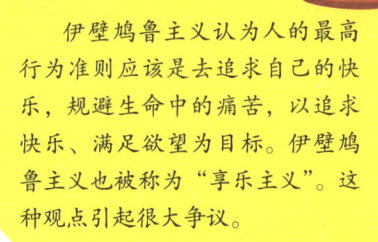

伊壁鸠鲁主义认为人的最高行为准则应该是去追求自己的快乐，规避生命中的痛苦，以追求快乐、满足欲望为目标。伊壁鸠鲁主义也被称为"享乐主义"。这种观点引起很大争议。

图书在版编目（CIP）数据

哲学帮你做选择 /《让孩子看懂世界》编写组编著.
—北京：石油工业出版社，2022.9
（让孩子看懂世界的哲学书）
ISBN 978-7-5183-5368-2

Ⅰ.①哲⋯ Ⅱ.①让⋯ Ⅲ.①哲学—青少年读物
Ⅳ.①B-49

中国版本图书馆CIP数据核字（2022）第082156号

哲学帮你做选择
《让孩子看懂世界》编写组　编著

出版发行：石油工业出版社
　　　　　（北京市朝阳区安华里2区1号楼　100011）
网　　　址：www.petropub.com
编　辑　部：（010）64523616　64523609
图书营销中心：（010）64523731　64523633
经　　　销：全国新华书店
印　　　刷：三河市嘉科万达彩色印刷有限公司

2022年9月第1版　2022年9月第1次印刷
787毫米×1092毫米　开本：1/16　印张：3
字数：50千字

定价：24.80元
（如发现印装质量问题，我社图书营销中心负责调换）
版权所有，翻印必究